がんばらない ランニング

もっと楽に
もっと速く

Mmm... Let's try it!

三津家貴也
Mitsuka Takaya
ランニングアドバイザー

KADOKAWA

Mmm...Let's try it

Prologue

プロローグ

ランニングは楽しい！
その楽しさを伝えたい

ランニングはキツくて
苦しむものではなく
人生をより豊かにするもの

ランニングを日常の一部にしてほしい

ランニングに「キツい」「苦しい」といったイメージはありませんか？

学校の体育の授業で走らされて、ネガティブなイメージを持っている人も多いと思います。

陸上部だった人も引退した途端に走らなくなることが多いのは、追い込んだ練習や厳しい食事制限がつらいことも影響している気がします。

僕自身も大学まではストイックに取り組みましたが、競技を極める前線から引いた途端にランニングが楽しくなりました。ランニングを楽しく感じるようになってからは自然と走る距離が増え、タイムも伸ばすことができています。

これまでのランニングは、キツいことをしなくてはいけない、追い込まないといけない、食事を制限しないといけない、といった固定概念がランニングを楽しむことを邪魔していました。

そんな固定概念をなくしたい。タイムを伸ばす、スタイルを良くする、気持ちよく走る、仲間を作る、旅行感覚で各地の大会に参加する、走っているランナーを観て応援するなど、ランニングの楽しみ方は様々です。楽しみ方を問わず、ランニングを日常生活に取り入れて、人生を豊かにしていただくことが僕の願いです。

Prologue
プロローグ

速く走るコツは がんばらないこと！

タイムを伸ばすには いかに楽にこなすか

どんなレベルでもタイムが向上すると楽しいものです。逆に思うようにタイムが伸びないと楽しさを見出すのが難しいかもしれません。そこでより速く走ろうと、気合いや根性で「がんばろう」としがちですが、それが大きな間違いです。

速く走るポイントは、同じ距離やトレーニングでもいかに楽にこなすか。それが継続につながり、良いトレーニングをたくさん積むことができるようになります。

タイムが伸びないのは取り組み方やランニングフォームなどに何らかの問題がある場合が多いです。本書ではそうしたところからわかりやすく丁寧に解説しますので、ぜひ気楽な気持ちで始めてみてください。

気楽な気持ちでランニングを 僕と一緒に楽しもう

今回、『がんばらないランニング』を初の著書として書かせていただきました。

「がんばらない」と聞いて、「ん？」と思う方もいるかもしれませんが、何も努力しなくていいということではありません。

人間には体力があるように心にも体力があります。やみくもに努力をしたとしても、どこかで疲れて中断してしまったり、気持ちがプツっと切れたりしてしまいます。僕にもそんな経験がありました。

でも、心に体力があるからとダラけて何もしないのでは自分に成長はありません。

楽しんで意欲的に活動することで、心の体力を温存しながら自分を磨くことができます。そのやり方をぜひみなさんにも知っていただけたらと思います。

一緒にがんばろうとは言いません。僕と一緒にランニングを楽しんでいきましょう。

Introduction

イントロダクション

1686人のランナーに聞きました！

自分のランニングフォームに満足していますか？

※2023年2月、三津家貴也のSNSにてフォロワーの一般ランナーの皆さんにアンケートを取りました。

回答者の9割を超える人が「自分のフォームに満足していない」と答えた。走る動きは誰かに教わることがほとんどない。多くの人が正しいフォームを理解していないとも言える

多くのランナーが
フォームに満足していない

先日、一般ランナーのみなさんにご自身のランニングについてアンケートをお願いしました。すると、多くの方がいろいろと悩んでいることがわかりました。走ることは基本的に誰でもできる動作です。でも、だからこそ体の正しい動かし方を教わることはほとんどありません。そうした中、自己流でランニングをすると、様々な問題が出てくるのだと思います。これらの大部分は正しいフォームを身につけることで解決します。問題が解決すると、みなさんのランニングライフはもっと楽しくなるはずです。

Q 自分のフォームや走りの問題点はなんですか？

A

- どんな姿勢で走ればいいかわからない
- 足の接地の仕方がわからない
- フォームが適切かわからない
- 走っているときにフォームが崩れてしまう
- 足が流れてしまう
- すぐ足が痛くなる
- 走り続けられない
- 肩が力んでしまう
- 速く走ることができない

正しいフォームが身につけば、体への負担も軽減されて楽に速く走れて、これらの問題点の多くを解決できる

Q 走っているときに何を意識していますか？

ベスト5

第1位 **姿勢**

第2位 **腕振り**

第3位 **ペース**

第4位 **足の接地**

第5位 **呼吸**

その他の回答

ヒザの動かし方、お尻まわり、腰の位置、リズム、テンポ、ピッチ、気持ち、体のブレ、足の上げ方、歩幅、力を抜くこと　etc.

これらを意識するのは間違いではない。でも、すべてを意識するのは難しいので優先順位をつけよう。まずはフォーム関連とペース配分だ

多くのランナーに共通する意識と悩み

他のアンケート結果からも、多くのランナーが同じような意識や悩みを持ちながら走っていることが見て取れます。

意識する点に関しては、どれも間違いではありません。でも、すべてを意識することはできないので、お尻を使うことや姿勢などのフォームと、序盤は飛ばしすぎないペースの意識を優先させたいところです。

悩みに関しては、正しいフォームが身につけば、必然的に楽に速く走れるようになります。そのことで疲れにくくなりますし、体の痛みがなくなったり軽減される効果も期待できます。

Q ランニングをしているときどんな悩みがありますか？

ベスト5

第1位 ヒザやふくらはぎなど脚が痛くなる

第2位 速く走れない

第3位 フォームが崩れる

第4位 ペースが乱れる

第5位 すぐに疲れてしまう

その他の回答

モチベーションが保てない、腰が痛くなる、横っ腹が痛くなる、タイムが上がらない

13ページの「自分のフォームや走りの問題点」と重なる回答が多い。その多くがフォームに関するもので、そこが改善されれば解決されそうな悩みばかりだ

きれいなフォームが
ケガなく速く走る特効薬

正しいフォームで走っている限り、体を痛めることはほとんどない

大切なのはいかに楽に走るか。そのカギはフォームにある

走って起こる痛みはフォームが問題

走っていて脚が痛くなる、あるいは慢性的にケガを抱えているランナーは少なくありません。ランナーのケガはヒザやふくらはぎなど下半身に多く、その根本的な問題はフォームにあります。したがって同じ走り方を続ける限り、ケガが治ってランニングを再開しても痛みが再発してしまう可能性は高いです。

逆に言えば、正しいフォームで走れば、体を痛めることが少なくなります。体を効率よく動かすことで、より長い時間、疲れにくい状態を維持でき、楽に速く走れます。その意味でフォーム作りが大切なのです。

同じ距離やペースでも疲れにくくなり、より速く走れるようになる

体の痛みもなく速く走れれば、ランニングがさらに楽しくなる

追い込めば速くなる！
この理論はかえって逆効果

上級レベルまでは基本的に追い込むトレーニングは避けよう

追い込むトレーニングは、体に大きな負荷がかかり、ケガにもつながりやすい。まずは出し切らないくらいでたくさん練習量をこなせるようにしていこう

続ける努力は必要だが
がんばりすぎない

マラソン練習でよく耳にする「追い込む」とは、すべてを出し切って疲労困憊に至るまで行うことです。1秒の短縮を目指すレベルの高いアスリートはそうした取り組みも場合によっては必要ですが、大きくパフォーマンスが改善するといったことはありません。特に一般ランナーが行うとケガのリスクを高めるなど逆効果になる場合があります。みなさんにとって大切なのは、とにかく正しいフォームを身につけ楽な走りをコツコツ続けることです。追い込むトレーニングでは心身の負担が大きく、楽しく走ることを継続できません。

まずは正しいフォームで楽な走りをコツコツ続けることが大切。笑顔で走れるぐらいのペースでも、継続することで必ず速く走れるようになる

楽しむことが目標達成に導いてくれる

中央にスマホ入れがあるパンツなら、邪魔にならずに超便利

陽射し避けのサングラスもオシャレなものを選びたい

腕時計はランニングの必需品。心拍数などが測れる機能もある

モチベーションを上げるラングッズやラン仲間

ランニングを続けていくと、「○分を切りたい」「○kmを走り切りたい」など、自分なりにいろいろな目標ができてくると思います。どの目標も達成するために欠かせないのが、「楽しむこと」です。毎日のランニングを楽しみ、レース本番を楽しむ。何事もきついことばかりでは長続きしません。本書のＰＡＲＴ１〜３で楽な走り方を覚えることが楽しさにつながります。プラスアルファとして、ウエアなどのギア（用具）を選んだり、仲間を作ることでもランニングのモチベーションが上がります。

どんなことでも楽しければ長く続けられるはず。ランニングも同じで、走ることそのものだけでなく、オシャレなウエアを着たり、仲間と一緒に走ったり、様々な楽しみ方がある

もっと楽に
もっと速く
がんばらないランニング

CONTENTS

プロローグ

ランニングは楽しい！　その楽しさを伝えたい …… 8

速く走るコツは　がんばらないこと！ …… 10

イントロダクション

１６８６人のランナーに聞きました！
自分のランニングフォームに満足していますか？ …… 12

今までの常識は間違っていた！　新しいランニング理論
きれいなフォームがケガなく速く走る特効薬 …… 16

追い込めば速くなる！　この理論はかえって逆効果 …… 18

楽しむことが目標達成に導いてくれる …… 20

PART 1　楽に速く走るための　フォーム作り …… 25

楽に速く走るための３つのポイント …… 26

お尻

脚で走ろうと思わない！
お尻を使えば楽に走れる …… 28

大切なのは股関節の伸展だけで走ること！ …… 30

ヒザの曲げ伸ばしや地面を蹴る動きはＮＧ …… 32

お尻と股関節の伸展を意識した練習メニュー

スクワット …… 34

ランジ …… 36

スクワットジャンプ …… 38

連続スクワットジャンプ …… 40

バウンディング …… 42

姿勢

体を一直線にすればムダな力が入らずに走れる …… 44

走るときに必ず意識する３つの「感覚」とは!? …… 46

腰から折れるように上半身が倒れるのはＮＧ …… 48

姿勢を良くする動き作りの練習メニュー

片足立ち …… 50

片足立ち＋連続動き …… 52

腹圧をかける …… 54

デッドバグ　レッグレイズ …… 55

接地

エネルギー消費の少ない疲れない着地が重要！ …… 56

カカト、フラット、つま先。おすすめの接地はどれ？ …… 58

正しい接地を意識させる動き作りの練習メニュー

連続もも上げ …… 60

チェック・ウォーキング …… 62

PART 2 さらに速くなるためのワンランクアップ講座 …… 65

基本にプラスして身につけたいランニング3つのコツ …… 66

足の引き上げ

足を前に引き上げていけば余計な筋肉を使わずに走れる！ …… 68

足の引き上げ動作は接地までの時間的余裕を生む …… 70

意識付けの動き作り練習メニュー

足の引きつけ …… 72

腸腰筋に刺激を入れる …… 74

足の切り替えドリル …… 76

走りのリズム

足を後ろから戻すタイミングとリズムが大事 …… 78

リズム作りの練習メニュー

その場でケンケン …… 80

ケンケンで前に進む …… 82

ギャロップ …… 84

地面からの反発

地面から反発をもらってがんばらずに効率よく走ろう！ …… 86

反発を意識できる練習メニュー

段差でリバウンドジャンプ …… 88

段差でスクワットジャンプ …… 90

PART 3 速く走るための ウォーミングアップ …… 93

走る前のウォーミングアップは必要？ それとも必要ない？ …… 94
ウォーミングアップで得られる3つの効果 …… 96

"みつか"がおすすめするウォーミングアップ

関節の可動域の確認 …… 99
ジョギング …… 102
動的ストレッチ …… 104
スプリント＆ジャンプ …… 110

PART 4 みつかが悩みを解決！ ランニングQ＆A …… 113

Question

ランニングをしていると脚や体が痛くなります。どうすればいいですか？ …… 114
ランニングをしているとき何を意識して走ればいいのか悩んでいます …… 122
どんな練習がおすすめですか？ 練習メニューを教えてください …… 126

インターバルトレーニング

速いペースで効率よく行えるインターバルトレーニング …… 130

Special Interview
三津家貴也
ランニングの楽しさを多くの人に広めたい！ …… 132

Column

生理学の観点から中・長距離走で高いパフォーマンスを発揮するには？ …… 64
HRV（心拍変動）を測定し疲労度に合わせて負荷を調整する …… 92
中距離種目で競技力を向上させるために必要なこととは？ …… 112

STAFF

撮影 高橋賢勇
カバーデザイン 喜来詩織（エントツ）
本文デザイン 三國創市（多聞堂）
執筆協力 小野哲史
編集協力 城所大輔（多聞堂）
校正 鷗来堂
編集 大澤政紀（KADOKAWA）

PART 1

楽に速く走るためのフォーム作り

RUNNING FORM

楽に速く走るための3つのポイント

疲れにくくケガもしにくい理想のランニングフォームとは？

1 意識するのはお尻と股関節の伸展！

足首で地面を蹴ったり、ヒザで押したりする動きは速く走るという点で非効率。股関節を伸展させ、お尻の筋肉を使うことを意識する

3 無駄な力がかからないフラット接地！

脚の筋力が少ない初心者は足裏全体で地面につくフラット接地がおすすめ。足首が固定され、ふくらはぎの使い過ぎを抑制できる

正しいフォームなら
ケガや痛みも軽減できる

ランニングは、がむしゃらに体を動かしても無駄なエネルギーを消費するばかりで決して速くはなりません。できるだけきれいなフォームで、それを崩さずに維持することで疲れにくくなり、結果的に楽に速く走れることにつながります。きれいなフォームで走るポイントは3つあります。1つはお尻と股関節の伸展を意識すること。2つ目は正しい姿勢から動き出すこと。そして、3つ目は無駄な力がかからない接地をすること。ランナーのみなさんには、ケガをしやすい、あるいは体に痛みを抱えて走っている方が少なくありません。効率の良いフォームを身につけると、速く走れるだけでなく、ケガもしにくくなります。

2 体が一直線になった正しい姿勢！

頭のてっぺんから真上に引っ張られる感覚と、へその少し下から前に引っ張られる感覚を持ち、体を一直線にした状態で前傾させる

POINT
お尻

脚で走ろうと思わない！
お尻を使えば楽に走れる

走っていて疲れたり痛みが出るのは、脚を使いすぎている証拠

脚を使うと
疲れちゃう！

前へ進む意識が強すぎると、接地時に足首を使って蹴ってしまいがち。それでは小さい筋肉のふくらはぎを使うことになり、疲れやすくなる

お尻を意識すれば脚は勝手に動くよ

お尻などの大きな筋肉をいかにして使えるか

人間の脚には、足関節、ヒザ関節、股関節があり、それぞれふくらはぎ、前もも、お尻やもも裏など筋肉と連動しています。この中ではお尻などの大きな筋肉によって脚を動かすと、楽に走ることができます。また、走る際は1歩ずつ片脚で全身を支えており、うまく支えられないと姿勢が崩れ、余計な力を使うことになります。正しい姿勢を維持するためにもお尻の筋肉が重要になります。

ある程度走り続けると、お尻の疲れを感じてくるはず。それはお尻の筋肉をしっかり使えて、楽な走りができつつある証拠だ

OK

股関節を伸展させる正しいイメージ

脚を前に伸ばした状態（屈曲）から、振り子のように反動を使って一気に後ろに持っていく。脚の付け根から動かせていれば股関節の伸展ができている

大切なのは股関節の伸展だけで走ること！

付け根から動かす意識で脚を伸ばしたまま後ろに引く

NG

足を動かそうとしている間違ったイメージ

ヒザ下だけが後ろに行っており、股関節の伸展になっていない。これではお尻を使った走りにならない。疲れが出てくると、こういう動きになりやすい

股関節伸展の動きを正しく理解しよう

お尻の筋肉を使った効率的な走りは、股関節の伸展ができているかどうかがポイントです。股関節の伸展とは、直立状態から脚を後ろに引く動作のこと。足が接地する時に足首で地面を蹴ったり、脚を後ろに引く時にヒザを曲げたりせず、足首とヒザは固定させます。こうすることでお尻やもも裏の筋肉を使った走りになります。

　両手を腰に当てて直立し、片脚を前に伸ばしてから後方に引いてみましょう。ここでヒザが曲がるのはNG。脚の付け根から動かす意識で行うと、股関節の伸展が正しくできます。

ヒザの曲げ伸ばしや地面を蹴る動きはNG

小さな筋肉を使うため、疲労が溜まりやすく効率の良い走りにならない

NG

ヒザを曲げ伸ばしする動きが大きくなっている

ふくらはぎの上部や前ももの筋肉を使い、疲労しやすい。接地もヒザが曲がったまま入ってしまう

お尻を使う動きより疲れやすい

体を前に進ませる時、足首を使って地面を蹴ろうとすると、ふくらはぎの筋肉を使います。また、ヒザを曲げ伸ばしする動きが大きいと、ふくらはぎの上部や前ももの筋肉を使います。これらはいずれも小さい筋肉のため、疲労が溜まりやすくなります。お尻を使おうというのは、大きな筋肉を使う方が疲れにくい走りができるからです。

NG

地面を蹴るように足首を使ってしまっている

ふくらはぎの筋肉を使い、疲労しやすい。アキレス腱への負担も大きくなり、ケガのリスクも高まる

CHECK!

足首が伸び切るのが蹴っている証拠

地面を蹴る意識が働くと、足首の前面が伸びた底屈という動作が起きる。体は前に進むものの、脚が後方に残ってスムーズさに欠ける

スクワット

両足を肩幅ぐらいに開き、つま先を正面に向け、両手を腰に当ててリラックスした状態で直立する

背筋を伸ばしたまま、お尻を後ろに突き出すようなイメージでヒザをゆっくり曲げていく

ヒザを曲げ伸ばししている

上半身を伸ばしたままヒザを屈伸させるスクワットで、お尻の筋肉を刺激し、股関節を伸展しやすくする

ゆっくり股関節を伸ばし、最初の姿勢に戻る。お尻の下あたりに張りを感じられればOK

顔を正面に向け、カカトを浮かせず、股関節をさらに深く曲げる。ヒザが前に出過ぎないようにする

上半身から倒れている

ランジ

体が止まらず
前のめりはNG

ランジ

足を前後に大きく開き、上半身はまっすぐの姿勢を保ったままゆっくり腰を落としていく

前のヒザを直角ぐらいまで曲げたら一度止まり、そこから立ち上がって元の姿勢に戻る

ランジとは、足を前後に開いた姿勢で股関節の曲げ伸ばしによってお尻やもも裏を刺激する筋トレ種目

バックランジ

直立姿勢から片足を後ろに大きく引く。前脚のヒザが直角ぐらいに曲がるようにゆっくり腰を落とす

フロントランジ

直立姿勢から片ヒザを高く上げ、その足を大きく前に踏み出す。ヒザを直角ぐらいで曲げたら止まる

スクワットジャンプ

リラックスしてまっすぐ立った姿勢からスタート。手を置く位置はどこでもよい

顔を正面に向けたまま股関節を屈曲させる。足首やヒザを使おうとしない

ヒザの曲げ伸ばしだけではお尻に刺激が入らない

ランニングで片足ずつ連続で行われている動きを
大きく力強くできるようにするためのトレーニング

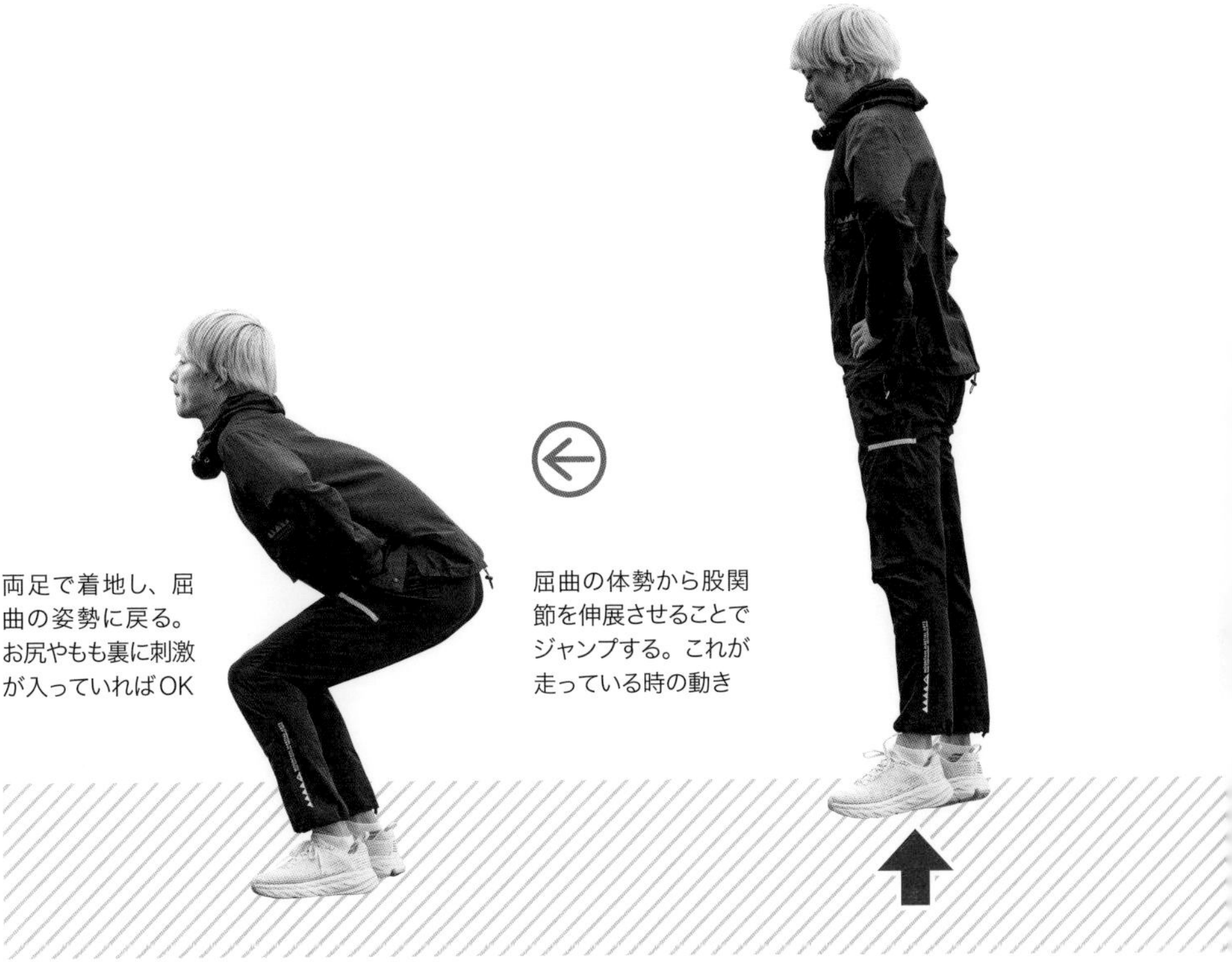

両足で着地し、屈曲の姿勢に戻る。お尻やもも裏に刺激が入っていればOK

屈曲の体勢から股関節を伸展させることでジャンプする。これが走っている時の動き

腰が折れるとムダな力を使わないといけなくなる

連続スクワットジャンプ

顔を正面に向けたまま、股関節を屈曲させる

股関節を伸展させることでジャンプする

再び最初の体勢を作ってからジャンプを何度か繰り返す

跳ぶときに足首やヒザを使おうとしない。あくまでも股関節で

スクワットジャンプが綺麗にできるようになったら
この動きをその場で連続して繰り返そう

両足で着地する。お尻にしっかり刺激が入っているだろうか

浮いている時に全身ができるだけブレないように意識する

ランニングではこの連続ジャンプを片足ずつ行っている

跳んだ場所と着地地点が違うのは正しくできていない証拠だ

バウンディング

足首とヒザの関節をしっかり固定すること。足首で蹴ったりヒザで引っかいたりしない

スクワットジャンプで養った感覚を生かし、股関節を大きく動かして前に飛ぶ

NG

足先で蹴り出すと
余計な筋肉を使ってしまう

全身を使い、地面を力強く反発させることで
大きく前へジャンプしながら進むトレーニング

お尻を使う意識を徹底しよう。跳ぶ高さや距離は重要ではないが、リズムよく

足裏全体で着地する。体の真下に力を加えられると、次のジャンプにつながる

POINT
姿勢

体を一直線にすれば ムダな力が入らずに走れる

エネルギーの消費をできるだけ少なく抑える

頭から骨盤までの軸をまっすぐに保つ

人は骨格や筋肉量、脚の長さなどが1人ひとり違うため、ランニングフォームも人によって異なります。ただ、楽に速く走るためには、エネルギーの消費をできるだけ少なく抑える必要があることは共通しています。がむしゃらに腕や脚を動かしても決して速くなりません。ムダな力を使わずに効率よく走る方法はいくつかありますが、姿勢からもアプローチできます。ポイントは、頭から足までをまっすぐに保つことです。視線を正面に向けたままで、一直線にした体をやや前傾させると、スムーズに体を前に運べます。このとき、腕や肩に力が入らないように上半身をリラックスさせておくことも大切です。

走るときに必ず意識する 3つの「感覚」とは!?

2点で真上と前に引っ張られながら体を前傾させる

一直線の体を前傾させ倒れる直前に足を出す

効率よく走るための良い姿勢は、３つのコツを意識して作ります。頭のてっぺんが真上に引っ張られる感覚を持つことと、おへその少し下の部分が前に引っ張られる感覚を持つこと、そして、２つを同時に行った状態で、肩から前に倒していくイメージで体を前傾させます。前傾させる中で、体が倒れてしまう直前に足を踏み出すことで「走り」になります。

真上と前に引っ張られながら前傾させるという3点を意識すると、体が一直線にキープでき、楽に前に進むことができます。

腰から折れるように
上半身が倒れるのはNG

前かがみの体勢では体幹が機能せず、接地も非効率になる

疲れたときこそ体の一直線を意識する

頭のてっぺんから真上と、おへその少し下から前に引っ張られる感覚を持って体を前傾させるとき、腰で体を折ってしまう人をよく見かけます。これは前かがみになっている状態で、目指す前傾ではありません。

前かがみのまま走っても、体幹が機能せず、足を体の真下に接地したり、スムーズに腕を振ったりすることも難しくなります。腹部が圧迫されて呼吸もしにくくなります。とくに初心者は疲労度が増してくると前かがみになりやすいので、疲れてきたときこそ体の一直線を意識してください。

片足立ち

カカトに重心を
乗せて立つ

視線を前に向け、カカトに重心を乗せた状態で自然にまっすぐ立つ

ももが水平になるくらいまで片足を上げる。重心をつま先側に持っていかないこと

ランニングでは両足接地はなく、常に片足での着地が繰り返される。片足で安定して体を支えられるようになろう

NG

支持している脚は足首やヒザを曲げない

FRONT

お尻とお腹の筋肉が使われることを意識し、前後左右にぶれないようにする

片足立ち＋連続動き

カカトに
重心を
乗せて立とう

カカトに重心を乗せた状態で、お尻とお腹の筋肉を意識しながら片足で立つ

浮かせた脚を伸ばしながら後方に持っていくと同時に上半身をゆっくり前に倒していく

動きがある中でお尻とお腹の筋肉に力を入れ続けるために
片足立ちからランニングに近い動きを加える

NG

支持している脚は
曲げないこと

後ろ足を浮かせたまま、最初の体勢に戻す。ここでもフラフラしないようにしたい

頭から後ろ足までができるだけ水平になるように。グラつかないように注意する

腹圧をかける

お腹を膨らませたりへこませたりしてインナーマッスルを刺激する

ヒザを立てて仰向けに寝る。このときは通常、背中の下部（おへその下あたり）が浮いている。お腹の動きを感じるために、両手はお腹の上に乗せておく

背中で地面を押すようにして
下部の空間をつぶしていく
イメージだ

背中の下部の隙間をつぶすような意識でお腹に力を入れる。大きく吸った息をゆっくり吐きながら、お腹をへこませていくイメージだ

力を入れる（隙間をつぶす）
⇔力を抜く（隙間ができる）
を繰り返す

デッドバグ

安定した姿勢につながる腹筋や体幹を鍛える

仰向けに寝て、両手を真上に上げ、両脚は股関節とヒザを直角に曲げた体勢からスタート。息を吐きながら、左腕と右脚を地面と平行になるまで下ろす

START

左右の手足を入れ替えて同じ動作を行う。下ろした手と脚は地面につけずに浮かせたままで。1回の上げ下ろしに2～3秒かけてゆっくり行う

腕と脚を
伸ばしたときに
腰が反らない
ように注意する

レッグレイズ

腹圧に刺激をかける強度の高いトレーニング

足が地面に近づくほどきつくなる。あまり下げられなくてもお腹を意識して丁寧に行うことが大切だ

こなす数や形より
背中が地面から
浮かないようにする

仰向けに寝て、両脚を股関節とヒザを直角くらいに曲げた体勢からスタート。腰を反らさずに両脚をゆっくり伸ばしていく

足を地面につけず、できるところまで脚を伸ばせたらゆっくり最初の体勢に戻す

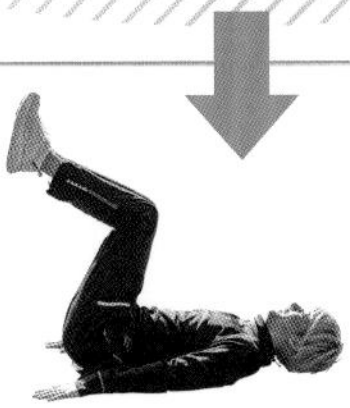

POINT 接地

エネルギー消費の少ない疲れない着地が重要！

何千、何万回と繰り返される接地をできるだけ効率化する

悪い接地を続けると疲労や痛みにつながる

ランニング中に足が地面に着く接地は、初心者で1分間に150回程度行っていると言われます。何十分も走れば、接地は何千、何万回と繰り返されるわけで、悪い接地を続けていると、最終的には疲労が蓄積し、体の痛みに結びつきます。そもそも良い接地とは、無駄な力がかからず、エネルギー消費が抑えられている接地です。接地には、カカトから着くカカト接地、足裏全体で地面に平行に着くフラット接地、つま先から着くつま先接地と主に3つがあります。どれがいい、悪いということはありませんが、初心者のランナーには、足首が固定されて、お尻やもも裏の筋肉を使いやすいフラット接地をおすすめします。

フラット接地

足裏全体で地面に着くのがフラット接地。着地の際に足首の屈曲が少ない。着地した瞬間は足から地面に力が加わり、地面から反発をもらえる

反力によって体を弾ますことができ、前へ進む推進力となる

カカト、フラット、つま先。おすすめの接地はどれ？

初心者には体の真下に着きやすいフラット接地がおすすめ

つま先接地

フォアフットとも言い、アキレス腱付近のバネを最大限に生かせる。一方、足首を過剰に使うため、ふくらはぎに負担がかかる

足首をしっかり固定できない初心者は採用しない方がよい

カカト接地

ヒールストライクとも言い、走るときに体を安定させて無理なく自然にできる接地。ただし、体の前で接地するとブレーキがかかり、ロスになってしまう

地面との接地時間も長くなり、脚に負担がかかりやすい

フラット接地は足首を固定できる

主にカカトから着く接地とフラット接地、つま先から着く接地の3つがある中で、どれが良くてどれが悪いということはありません。ただ、初心者の場合、カカト接地は重心の前で着きやすく、ブレーキがかかってしまいます。また、足首を固定する筋肉や技術が足りない初心者がつま先から接地すると、足首の動きが大きくなり、ふくらはぎを過剰に使ってしまいます。したがって初心者は、地面に水平に接地するフラット接地がおすすめです。フラット接地は足首を固定しやすく、お尻やもも裏の筋肉を使いやすくなります。

連続もも上げ

空中で左右の脚を入れ替える。はじめ支持脚だった方の脚のももを上げる

視線を正面に向け、カカトに重心を乗せた状態で、お尻とお腹の筋肉を意識しながら片足で立つ

**重心の真下に足裏全体で接地できるようになるために
もも上げを連続して行う動き作り**

NG

**立っている脚の
ヒザを曲げない。
まっすぐ伸ばす**

最初に浮かせていた足をカカトから着地し、その脚1本で立つ。左右の入れ替えを繰り返す

チェック・ウォーキング

支持脚はまっす
ぐを維持したま
ま、逆脚のもも
をしっかり上げる

ウォーキングで
正しい接地を意
識する

カカトから接地する

逆の脚もヒザが
直角になるぐらい
までももをしっか
り上げる

**もも上げの感覚のまま走りにつなげる動きが難しければ
まずはウォーキングから意識する**

カカトから足の裏をコロンと転がすような感覚で前に運ぶ

カカトから接地する（ペースが上がればフラット接地につながる）

動き作りは少し大げさなくらいの意識で1つずつ丁寧に行おう

カカトから足の裏をコロンと転がすような感覚で

Column

生理学の観点から中・長距離走で高いパフォーマンスを発揮するには？

陸上競技の中長距離走で高いパフォーマンスを発揮するには、有酸素性能力を高める必要があることは比較的よく知られています。有酸素性能力は、最大酸素摂取量（VO2max）、乳酸性閾値（LT）、およびランニングエコノミー（RE）をもとに評価できます。ある研究によると、長距離ランナーを対象にした場合、16km走の記録は、VO2max、LTの酸素摂取水準およびREによって、95.4%が説明できると報告されています。

一方、近年の長距離走は、特にラストスパートで勝敗が分かれることが多く、エリートランナーにとっては急激な走速度の上昇に対応するために、有酸素性能力だけでなく無酸素性能力も要求されます。より走速度の速い800mや1500mなどの中距離種目においては、さらにその貢献は大きいと予測され、無酸素性能力はパフォーマンスの優劣に重要な役割を持つと考えられます。

無酸素性能力は最大酸素借（MAOD）によって評価でき、中距離ランナー14名を対象としたある研究では、MAODと800mの走速度との間に有意な正の相関関係があることが報告されています。この知見は優れた無酸素性能力が、中距離走のパフォーマンスに貢献することを証明しています。

つまり、中・長距離走で高いパフォーマンスを発揮するには、有酸素性能力と無酸素性能力の双方を高める必要があります。

PART 2

さらに速くなるための ワンランクアップ講座

RUNNING GRADE UP

基本にプラスして身につけたい ランニング3つのコツ

足を前に引き上げ、リズムよく足を回転させ、地面から反発をもらう

フォームを固めたら次は足の動きを意識する

PART1では、楽に速く走るためには、きれいなフォームを崩さずに維持しましょう、とお話しをしました。正しい姿勢から動き出し、お尻と股関節の伸展を意識し、ムダな力がかからない接地をするという3つがポイントでした。PART2では、そうした基本に加え、さらにワンランクアップできる3つのコツを紹介します。

1 より楽に走るには足の引き上げが重要

後ろに来た足が地面から離れたら、その足を前方向にまっすぐ引き上げる。これによって体の真下に接地でき、足が流れにくくなる

2 足を運び戻していくリズムやタイミング

楽に速く走るためには、お尻やもも裏などの大きな筋肉を使うだけでなく、リズムよく足を回転させることも重要

3 地面からの反発をもらえばがんばらずに走れる

足で地面に力を加えると、加えた分だけの逆向きの力が地面から体に伝わる。この「地面から反発をもらう」力を生かす

１つ目は足を前に引き上げる意識を持つこと。良くない走り方とされる「足が流れてしまう」フォームにならないようにするには、地面から離した足を前方向に引き上げ、これによって重心の真下に接地ができます。逆の足も余計な筋力を使うことなく、引き上げることができます。２つ目は、リズムよく足を回転させることです。接地した足がそのままでは足が流れてしまいます。後ろから戻すときも正しいタイミングでないと良い走りになりません。３つ目は、地面から反発をもらうことです。足で地面に力を加えると、加えた分だけの逆向きの力が地面から体に伝わる作用反作用の法則を生かします。

POINT
足の引き上げ

足を前に引き上げていけば余計な筋肉を使わずに走れる！

足が流れると前に引き上げるときにかなりの筋力を使ってしまう

✕ NG 足が流れると前への引きつけで筋肉を使う

足の裏が上を向くぐらい足が流れると、そこから足を前に引き上げるにはかなりの筋力を使うことになる

O K 足を前方向に引き上げる意識を持とう！

走りの中で後ろに来た足が地面から離れたら、その足を前方向にまっすぐ引き上げる

足が流れると筋力を使ってしまう

良くない走り方として、よく「足が流れてしまう」フォームが挙げられます。足が流れるとは、地面を蹴った脚のヒザが着地した脚のヒザより後ろにある状態を指します。こうなると、そこから足を前に引き上げるには、かなりの筋力を使うことになります。また、重心の前で接地しやすくなり、ブレーキがかかってしまいます。

足が流れないようにするには、地面から離した足を前方向に引き上げます。これによって重心の真下に接地ができ、逆の足も余計な筋力を使うことなく、引き上げることができます。

○ OK

足を引き上げると体の真下に接地しやすい

足をしっかり引き上げると、時間的な余裕が作れる。これによって重心の真下に接地しやすくなり、足が流れずに次の引き上げ動作に移りやすい

足の引き上げ動作は接地までの時間的余裕を生む

重心の真下に接地でき、スピードのロスを抑えられる

× NG

足が流れると時間的余裕が作れない

足裏が上を向くぐらい足が流れると、そこから足を前に引き上げるまでの時間的な余裕がなくなり、体の前で接地しやすくなってしまう

時間的余裕がないと接地にも悪影響が及ぶ

足の引き上げ動作には、接地までの時間的余裕を作れるメリットもあります。足をしっかり引き上げられると、重心の真下に接地しやすくなります。引き上げるときは脚の付け根近くにある腸腰筋を使い、前ももで上げようとしないことがポイントです。引き上げが十分にできずに足が後ろに流れてしまうと、そこから引き上げることはかなり難しいです。時間的な余裕もありませんから、ヒザを上げないまま接地の局面を迎えることになります。しかもそれでは重心の前に接地しやすくなり、ブレーキがかかってしまいます。

足の引きつけ

顔を正面に向けたまま、リラックスしてまっすぐ立った姿勢からスタートする

カカトが立っている脚を沿うように足を上げていく。上体がブレないように注意しよう

足裏を水平のまま、カカトが支持脚を沿うように上げる。この意識で体を前に倒すと、足が綺麗に上がってきやすい

✕ NG

ももが水平になる高さまで上がっていない

✕ NG

足裏が水平でなく、つま先が下を向いている

足裏を水平のまま、ももが水平になるぐらいの高さまで上げたら、真下に下ろす

腸腰筋に刺激を入れる

カカトに重心を乗せた状態で、
お尻とお腹の筋肉を意識しなが
ら片足で立つ

浮かせた足をさらに上げて戻す
動きを繰り返す。腸腰筋に刺激
が入っていることを感じよう

片足立ちの姿勢から浮かせた足をさらに上に引き上げる。
腸腰筋に刺激が入ると、足を引き上げる際に意識しやすい

× NG

前ももの力で上げようとしてはダメ！

前ももで上げようとすると、脚に負担がかかって余計な筋肉を使い、疲れが早く溜まってしまう

○ OK

足の付け根あたりで引き上げるイメージ！

足の引き上げは腸腰筋を使うのが効果的。腸腰筋はお腹の深いところで上半身と下半身をつないでいる

足の切り替えドリル

まっすぐ立った姿勢から上に伸び上がるように片足を上げる

そのまま真上にジャンプ。このとき両腕でバランスをとる

地面から反発をもらいながら逆の足を上げる

ボールが弾むようなイメージでそのまま真上にジャンプする

地面からうまく反発をもらった上で足の切り替えをスムーズに行えるようになることを目指そう

ジャンプから降りながら折り曲げた脚を伸ばしていく

両足で着地する

ジャンプから降りながら折り曲げた脚を伸ばしていく

両足で着地する。一連の動きをリズムよく繰り返す

POINT
走りのリズム

足を後ろから戻す
タイミングとリズムが大事

楽に速く走るためにはリズムよく足を回転させることも重要

リズムよくスムーズに足を回転させよう！

接地した足を後ろからスムーズに戻す

初心者の走りを見て、リズムがあまり取れていないとか、足をスムーズに回せていないと感じることがよくあります。これまではお尻や股関節周りを使った走りや動き作りを行ってきましたが、ここでは接地した足を後ろからスムーズに戻すための意識付けやトレーニングを行います。

楽に速く走るためには、お尻やもも裏などの大きな筋肉を使うだけでなく、リズムよく足を回転させることも重要になります。接地した足がそのままでは足が流れてしまいますし、後ろから戻すタイミングも正しくつかめないと良い走りになりません。ケンケンやギャロップなどのトレーニングで、足をスムーズに戻せるようにしましょう。

その場でケンケン

跳び上がるタイミングで浮かせた脚のヒザを折り曲げ、ヒザを前に持っていく

片足立ちになり、背筋を伸ばしたままで上に跳ぶために立っている脚のヒザを少し曲げる

NG

浮かせた脚がずっと体の前にあるのはNG

接地した足を前に戻すタイミングをつかむための動き作り。
まずはその場でのケンケンから始めよう!

着地したときに地面に着いた脚のヒザをできるだけ曲げない。ジャンプを何度か繰り返す

ジャンプした所から降りてくるタイミングで脚を後ろに戻す

ケンケンで前に進む

片足立ちになり、
体をやや前傾させて、上に跳ぶために立っている脚のヒザを少し曲げる
前方向に跳ぶタイミングで浮かせた脚のヒザを折り曲げ、ヒザを前に持っていく

ケンケンで前に進むと、左右の足で交互に接地していくランニングの動きに近くなる。より前に跳んで体を運ぼう

足裏全体で接地。着地したときに地面に着いた脚のヒザをできるだけ曲げない
できるだけ遠くに跳び、降りてくるタイミングで脚を後ろに戻す

ギャロップ

右足を接地してタメを作る。ターンの「タ」の局面

勢いを殺さず、やや前傾姿勢を保ったままに右足を前に

右脚にタメを作って踏み切る。ここは「ターン」の局面になる

左足でフラット接地。逆脚でも同じように行う

**馬が軽快に走るようにタ・ターン、タ・ターンのリズムで。
「タ」で着地し、「ターン」で遠くにジャンプする**

上体がブレたり、前かがみになり過ぎないようにする

前脚のヒザ下がぶらぶらしているとリズムが崩れてしまう

空中でこの姿勢を保てれば正しくジャンプしている証拠だ

遠くにジャンプする。前脚のヒザは鋭角に折り畳んでおく

POINT
地面からの反発

地面から反発をもらって がんばらずに効率よく走ろう！

足で地面に力を加えると加えた分だけの力が地面から体に伝わる

体の軸が曲がっていると地面から反発をもらえない

　ランニングでは「作用反作用の法則」が働き、足で地面に力を加えると加えた分だけの逆向きの力が地面から体に伝わります。この現象を「地面から反発をもらう」と言ったりしますが、これが楽に走るときに非常に重要です。ただ、しっかり地面に力を加えられていなかったり、体の軸や接地した脚のヒザが曲がっていたり、体の真下に接地できていなかったりすると、反発を十分にもらうことができません。

　ここでは地面から反発をもらうための動き作りに取り組みます。身近にある階段などの段差を使うと、平地で行うよりも感覚的にわかりやすいです。転倒やねんざなどに十分に注意して行ってください。

段差でリバウンドジャンプ

段差の上の段にリラックスしてまっすぐ立つ

腕を後ろに持っていきながら両足で後ろに跳び下りる

最初の姿勢に戻り、腕を後ろにしながら後ろに跳び下りる

地面からの反発をもらうようにして上の段に跳び上がる

走るときは接地する瞬間に次に踏み出す準備をしておく。
その予備動作を段差で昇り降りして身につける

すぐに両足で上の段に。接地したときには踏み出しているイメージ

下の段に接地したときには腕が前に出るようなタイミング

接地してから力を入れて押すのでは遅い

自分が思っているよりもワンテンポ速いくらいでちょうどいい

段差でスクワットジャンプ

リラックスしてまっすぐ立った姿勢から顔を正面に向けたまま、股関節を屈曲させる。上体を倒し過ぎない

足首やヒザを使わないようにし、股関節を伸展させることで両足で前方向にジャンプする

段差で行うリバウンドジャンプの負荷を上げたバージョン。
幅のある段差を使うとやりやすい

両足で着地し、最初の姿勢に戻る。お尻やもも裏に刺激が入っていればOK

階段を利用するときは転倒に十分に注意する

NG

上体から曲げると反発はもらえない

Column

HRV（心拍変動）を測定し疲労度に合わせて負荷を調整する

きついインターバルトレーニングや走行距離の多いペース走など、やみくもにトレーニングを行っても、パフォーマンスが高まるとは限りません。ハードなトレーニングの負荷に適応できないと、走力の停滞や悪化のみならず、ケガをする可能性もあります。

トレーニング負荷に適応できる、できないの違いは「回復状態」にあり、それを示す客観的な評価基準が、近年注目されているHRV（= Heart Rate Variability、心拍変動）です。 心臓の拍動は、実際には1秒に1拍ではなく、0.95秒で1回、1.05秒で1回というように1拍ごとにユラギが生じています。ユラギが大きい場合、副交感神経の活性度が高いと評価し、過度な疲労がない、心身が安定している状態と言えます。この状態でトレーニングを行うと、競技パフォーマンスの向上やケガの防止につながることが明らかになっています。

HRVは、「HRV4training」や「Elite HRV」といったアプリで計測できます。起床後に測定し、自身の疲労状態に合わせてトレーニングメニューを調整することで、適切な負荷をかけることができ、パフォーマンスの向上が見込まれます。さらにオーバートレーニングやケガのリスク回避も期待されます。ぜひ自分の体の状態に耳を傾けながらトレーニングを行っていきましょう。

PART 3

速く走るための ウォーミングアップ

WARMING UP

走る前のウォーミングアップは必要？
それとも必要ない？

ウォーミングアップは走るときに様々な効果が期待できる

本練習の前に体を温め体温や心拍数を上げる

ランニングは比較的誰にでも簡単にできる運動ですが、しっかりやれば体に大きな負荷がかかります。急激な負荷を避けるには、体を温めて（warm）体温や心拍数を上げる（up）ウォーミングアップが大切です。これによって走るときにより良いパフォーマンスを期待できます。

初心者の場合、ゆっくり走ることがウォーミングアップ代わりになるのでそれほど必要ありません。ただし、速いペースで走るインターバルトレーニングやレースで走るときは事前に入念にウォーミングアップを行いましょう。これを怠ると、十分に動く準備ができていない体はイメージ通りに動かすことができず、良い走りにつながりません。

ウォーミングアップで得られる3つの効果

体温を上昇させ、呼吸循環器系を刺激し、最大筋力を上昇させる

1 体温と筋温を温める

体温と筋温が高まると、筋への酸素や血流量が増加し、筋肉が柔らかくなる。筋肉をスムーズに収縮でき、関節の可動域も広がる

3 最大筋力を上げる

最大筋力とは一回で発揮できる筋力の限界値。最大筋力×速さ＝筋パワーであり、筋パワー×時間＝ランニングに不可欠な筋持久力

ウォーミングアップには様々な効果がある

ウォーミングアップはメインの運動のパフォーマンスを高める以外に、ケガの予防にもつながるという点もよく耳にすると思います。いくつかの効果がありますが、ここではとくに3つの効果を解説します。1つ目は体温や筋温を上昇させることで後の運動をより楽にできます。2つ目は呼吸循環器系に刺激を与えることで、心肺機能が向上し楽に走り始められます。少し専門的に言うと、酸素を使うエネルギー回路が働くようにあらかじめ立ち上げておけるわけです。そして、3つ目の効果が最大筋力の上昇です。これは直前に最大筋力を出す動きをしていると、次の最大記録が上がる「活動後増強」という効果が期待できます。

2
呼吸循環器系に刺激が入る
心拍数や呼吸数をメインの運動に近づけることができ、心臓や肺への急激な負担を軽減できる。有酸素で賄う割合が増える

WARMING UP

“みつか”がおすすめする ウォーミングアップ

体温と筋温を上げる、呼吸循環器系を刺激する、最大筋力を上げる。このように何のためにウォーミングアップを行うかの目的を明確にする

ウォーミングアップの流れ

1 関節の可動域の確認

2 ジョギング

3 動的ストレッチ

4 スプリント&ジャンプ

やってみよう!

アップで大切なのは本練習につなげること

ウォーミングアップでは、まず準備運動として各可動域や関節がしっかり動くかを確認します。次にジョギングです。フルマラソンを走りきれるぐらいの、少しきついなと感じる程度のペースで10～15分走ります。その後は体を動かして筋肉を刺激しながら関節の可動域を広げる動的ストレッチで柔軟性を高めます。最後に筋力の増強を目的としたジャンプ系とスプリント系種目を行います。

これらはあくまでも一例ですが、メインの練習やレースで最大限のパフォーマンスを発揮できるようにすることが重要です。

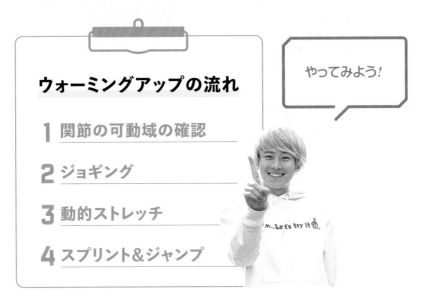

1 関節の可動域の確認

関節がしっかり動くか
可動域を確認しよう！

関節の可動域が狭いと、関節や関節を覆っている筋肉を痛めるリスクが高まる。自分の関節がどれくらい動くかを確認し、狭い部位はストレッチなどで広げたい

屈伸

ヒザを曲げ伸ばしする運動。ヒザの可動域を広げたり、足首を柔らかくしたりする効果もあるとされる

伸脚

両脚を大きく開き、手はヒザの上に。片脚のヒザを伸ばしたまま、逆脚のヒザを曲げて腰を落とす。内ももの筋肉を反動をつけて伸ばすことで、股関節の可動域が広がる

肩伸ばし

片腕を体の前で横に伸ばし、そのヒジあたりを逆の手首で押さえると肩が伸びる。抱えている側の腕を手前に引きつけることが重要

反動をつけて伸ばそう

しっかり伸びているかな？

股関節伸ばし

足を前後に大きく開き、上半身はまっすぐの姿勢を保ったまま腰を落とすランジの体勢になる。股関節が伸びていることを感じよう

手首まわし

体の前で両手の指を組み、手首を回す。走る動作には直接関わらないが、手首を柔らかくしておくと、腕や肩をリラックスさせやすい

人と
話しながら
やってもOK

足首まわし

片足ずつ足首を回す。足首まわりの筋肉や靭帯、腱などを柔らかくしておけば、足首をくじいて捻挫するリスクを減らせる

ジョギング

2 体温と筋温を上げるために ジョギングをしよう!

ジョギングとはゆっくりしたペースで走るランニングのこと。ウォーミングアップでは、フルマラソンを走りきれるぐらいのペースで走ると体温と筋温を上げることができる

ジョギングの間に次回のインターバルトレーニングや出場予定のレースでの目的や意識を確認しよう。良いイメージを膨らませると、モチベーションも上がって走りのリズムも良くなるはずだ

CHECK!

少しきついペースで 10〜15分が最適

ウォーミングアップでのジョギングは、「ちょっときついな」と感じるくらいのペースで、10〜15分走る。普段からトレーニングをしっかりしている人は少し息が上がるぐらいやってOK。あまり運動していない人はペースを遅くしても問題ない

音楽を聴いてテンションを高めたり（音量注意）、景色を眺めながら気持ちを集中させたりするのもいい。ランニングの時間をより良いものにするには、体だけでなく心の準備も大切。心理的なウォーミングアップの時間にもしたい

動的ストレッチ

3 動的ストレッチで全身をほぐそう!

動的ストレッチは筋肉と関節を同時に動かして全身の協調性を高め可動域を広くする。リズミカルに反動を利用して行い全身に血を巡らせて筋肉の柔軟性を向上させる

ランジ

足を前後に大きく開き、上半身はまっすぐの姿勢を保ったままゆっくり腰を落とす。前のヒザを直角ぐらいまで曲げたら止まる

ウォーキング・ランジ

1歩ずつ前に歩きながらランジを行う。片ヒザを高く上げ、その足を大きく前に踏み出す。ヒザを直角ぐらいまで曲げたら止まる

CHECK !

アップには適さない静的ストレッチ

反動や弾みをつけずに行う静的ストレッチは、筋肉を緩めすぎてしまうため、ウォーミングアップに適さない

肩まわしウォーキング

両手を左右それぞれの肩に置き、前に歩きながらヒジで円を描くように左右交互に肩を後ろに回す。左足が前のときに右肩を回す

腕まわしウォーキング

前に歩きながら伸ばした腕を左右交互に後ろに回す。右足に重心が乗っているときに左腕が真上に伸びている

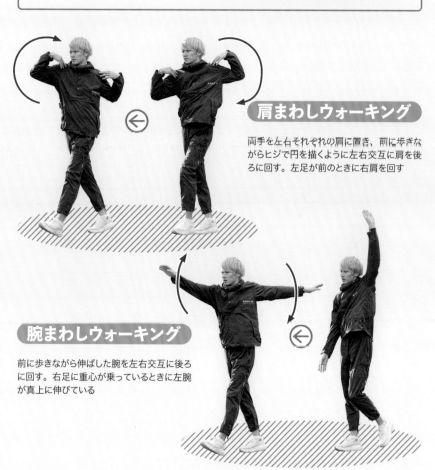

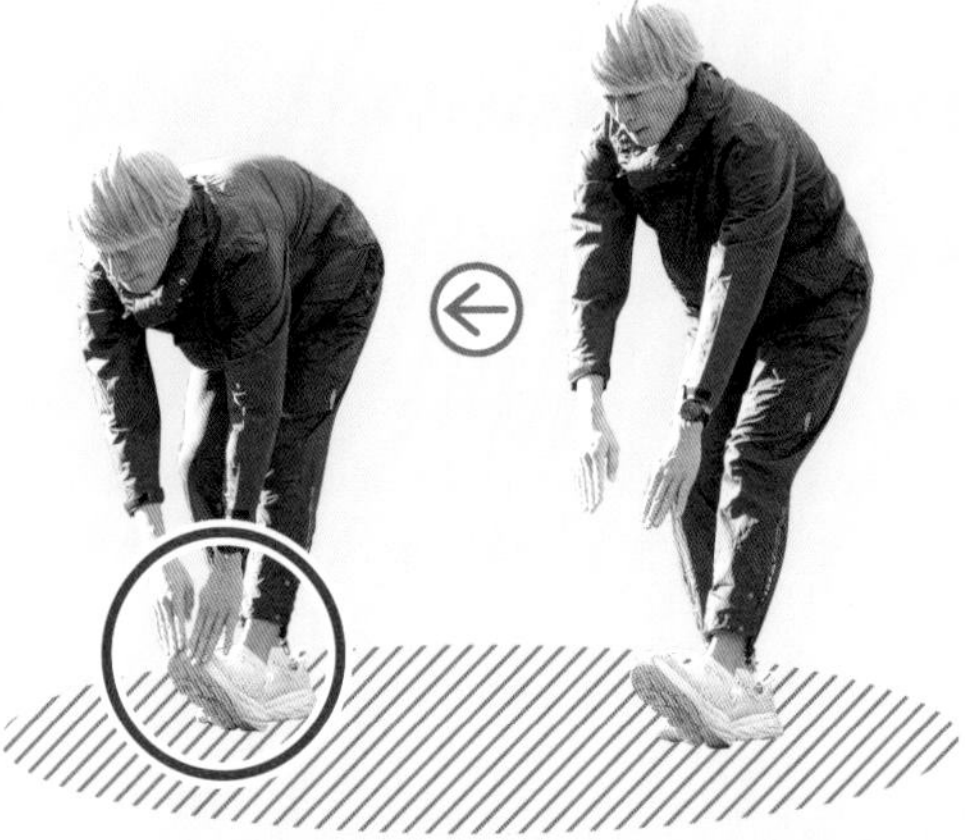

つま先タッチ

上体を前に倒し、前足のつま先をタッチしながら歩く。もも裏やお尻の筋肉を伸ばすことを意識する。手がつま先まで届かなくてもよい

ウォーク・タッチ

1歩、2歩と歩き、3歩目で前足のつま先をタッチする。前に来る脚のヒザは伸ばしたままで。慣れてきたらつま先を下げて行おう

ウォーク・バックタッチ

1歩、2歩と歩き、3歩目で大きく踏み込んで腰を落とし、後ろ足のカカトを反対側の手でタッチする。腸腰筋や脇腹を伸ばすよう意識する

もも上げジャンプ

まっすぐ立った姿勢から片脚のヒザが直角になるぐらいまで曲げる。そこからジャンプして同じ足で着地する。お尻で支えるイメージで

足上げ

歩きながら足を前に出すタイミングで、できるだけ上に高く蹴り上げる。できるだけヒザは曲げない。もも裏の筋肉の可動域の確認になる

股関節まわし

歩きながら足を前に出すタイミングで、ヒザを外側に開いてから体の前に持ってくる。腕を使って、ヒザで大きな円を描くように

サイドステップ

サイドステップでリズムよく動きながら両腕を大きく回す。肩がストレッチされていることを感じよう

股関節まわし・クロスステップ

横向きにステップをしながら、後ろ脚のヒザを外側に開いてから体の前に持ってきて、前脚にクロスさせる。上半身と下半身がねじれる

スプリント&ジャンプ

4 スプリント&ジャンプ系で心肺機能を高めておこう!

スプリント系やジャンプ系のウォーミングアップは、8～10割の力感で2、3本行う。活動後増強の効果を狙い、筋肉を動かす神経の活性化を促す

スプリント・ダッシュ

50～100mを目安に、大きな動きで大きな力を発揮できるようにしっかり意識する。力感は8割ぐらいから徐々に上げていく

足の切り替えドリル

片足立ちになって真上にジャンプし、両足で着地する。逆脚でも同様に行う。地面からうまく反発をもらい、足をスムーズに切り替える

バウンディング

全身を使い、地面を力強く反発させることで大きく前へジャンプしながら進む。足裏全体で着地し、足首で蹴ったりヒザで引っかけない

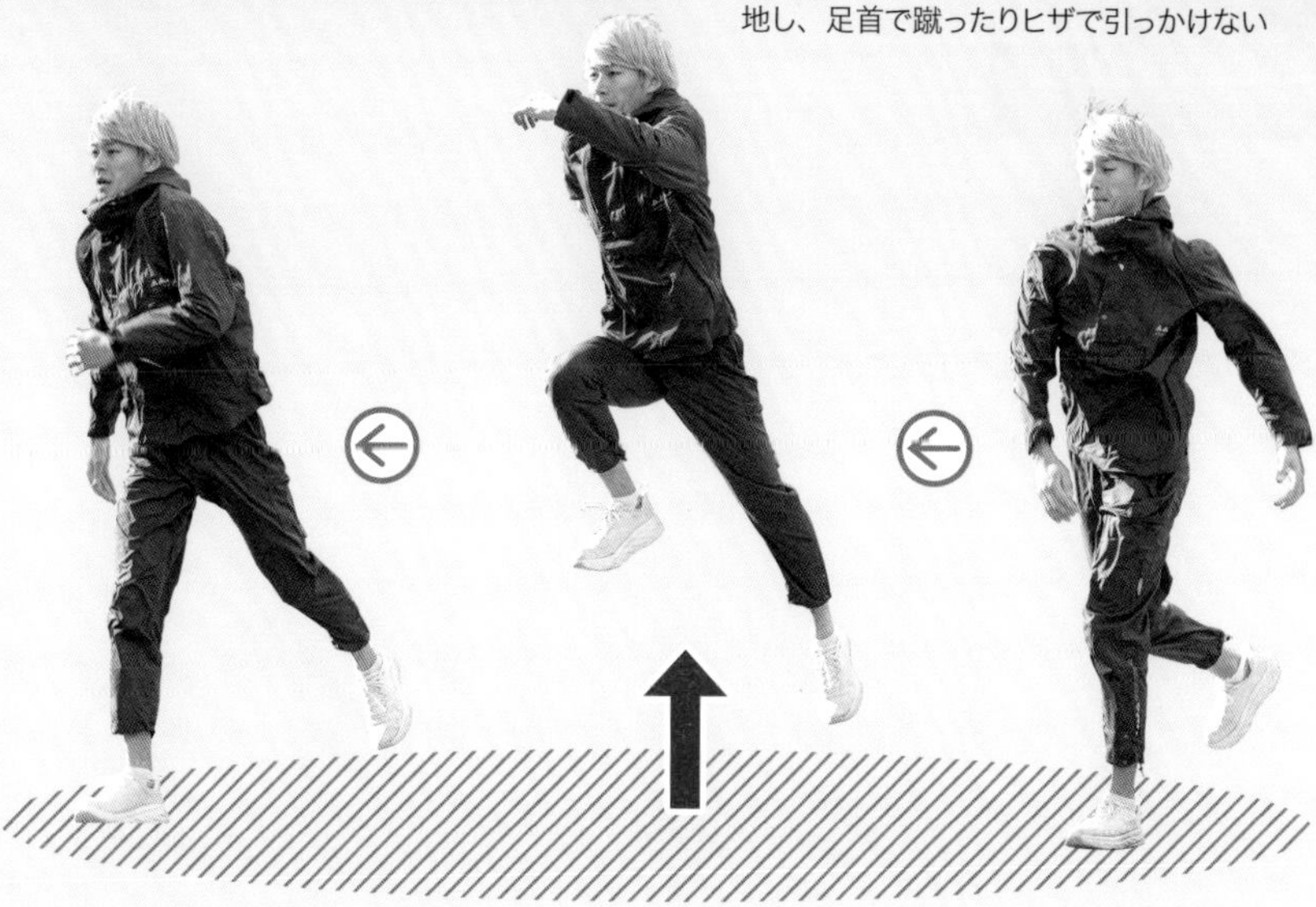

Column

中距離種目で競技力を向上させるために必要なこととは？

800mや1500mの中距離種目をメインにしている中高生や大学生は、600m＋200m、1200m＋300mのようなトレーニングをレースの目標ペースで行っている人が多いのではないでしょうか？

たとえば600mを90秒、200mを30秒以内で走れれば、800mでも2分切りを達成できます。長距離の5000mでも1000m×5本を3分ペースで走れれば、14分台をマークできます。しかし、練習内容をレースに近づけて、なおかつ目標タイムも達成できれば、試合でそのタイムが出るのは当たり前です。それができるなら練習は毎回、タイムトライアルにすればいいですし、実際にはできないから、様々なトレーニングで持久力やスピードを鍛えていく必要があるのです。

目標タイムで走れるようになるためには、レースに近い練習をするより、逆にレースから離れて、持久力やスピードを個別に、専門的に鍛えていく方が効率的です。とくに中距離選手は、有酸素性能力へのアプローチが疎かになっている人が多いので、まずは有酸素性能力を鍛えることが自己ベスト更新への近道です。

レース練習は、スピードと持久力の養成を大事にしながら、メインレースの前に記録会やペースメーカーを利用して数回行うのがいいでしょう。僕自身は現状の確認はレースで行うため、レースペースでの練習はあまり行わず、直前に走りを慣らすために軽く入れるぐらいにしています。

PART 4

みつかが悩みを解決！ランニングQ&A

Question

ランニングしていると脚や体が痛くなります。どうすればいいですか？

体を痛めてしまうのは何が問題なのか。
その原因を探ってみよう

ヒザが痛む場合

ランニング経験が浅い人に多いヒザの痛みは、接地している時にヒザの曲げ伸ばしをやってしまっていることが考えられる。それを繰り返すと前ももやヒザに大きな負担がかかり、腰が落ちたフォームになっているはず。過体重が原因の場合もある。

これで解決！

Answer

お尻を使う走りで解決できる

接地中のヒザは軽く屈曲させて固定しておくのが理想です。そのためにお尻を使った走りを意識しましょう。お尻に力が入っているとヒザは固定されて曲げ伸ばしはできません。あとは足の上げ方。足が後ろに流れると前に出す時に余計な筋力を使わなければいけないため地面から離した足は前方向に引き上げます。

ふくらはぎが痛む場合

ふくらはぎは足首の動きに連動していて、足首を過剰に使うと、ふくらはぎへの負担が大きくなる。足を地面から離す時に地面を蹴っている可能性が考えられる。つま先接地もそうした走りになりやすいため、初心者ランナーはできるだけフラット接地を心がける。

これで解決！

Answer 足の引き上げで解決できる

ヒザ痛の解決策と同じで足の上げ方を見直しましょう。地面を蹴ろうとせず地面から離した足を前方向に引き上げます。これによって重心の真下にフラットで接地しやすくなり足首を固定した状態をキープできます。「足の引きつけ」「足の切り替えドリル」「連続もも上げ」といった動き作りをしっかり行いましょう。

すねが痛む場合

シンスプリントとも言われ、ふくらはぎが痛むケースと同じく、足首の使い過ぎが原因であることがほとんど。中高生ぐらいの若い年代が痛めやすく、これは走りに見合った筋力が足りていない場合が多い。オーバーワーク（走りすぎ）が原因になっていることも。

これで解決！

Answer
練習量の見直しで解決できる

ふくらはぎ痛の解決策と同じく足の上げ方を見直す必要があります。「足が流れてしまう」フォームにならないように意識しましょう。オーバーワークが原因なら走る量や頻度を減らしてみてください。筋力不足によって痛みを感じる若年層や初心者の人は練習を続けていくと筋肉がついて解決できることもあります。

横腹が痛む場合

原因はウォーミングアップ不足とオーバーペースであることがほとんど。ウォーミングアップが不十分のまま走り出すと、内臓が揺さぶられ、横隔膜や呼吸に関係する筋肉が痙攣を起こして痛みを誘発する。食後すぐに走るのも良くない。

これで解決！

Answer ウォーミングアップで解決できる

走る前は入念なウォーミングアップが必要です。関節の可動域の確認、ジョギング、動的ストレッチなどを怠らないこと。もし痛くなったらお腹を伸ばしたり押したりすると、痛みが和らぐことがあります。寒い日はよりしっかりと行ってください。食後のランニングは2〜3時間経ってから行うことをおすすめします。

腰が痛む場合

Mmm...Let's try it

腰や背中が痛くなるのは、走るときに背筋に頼り切って、腹圧が抜けている可能性が高い。ランニングの動力は体の裏側（後ろ側）なので背筋を使うことは間違いではないが、負担が大きくなっている。そもそも正しい姿勢ができていない場合もある。

これで解決！

Mmm... Let's try it

Answer

姿勢の維持で解決できる

体を一直線に維持して走るには「ドローイン」などの動き作りを行いましょう。腰痛はひどくなると長期離脱につながるため、少しでも腰が痛いなと感じたら練習量を減らしたり休んだりしてフォームの見直しが必要です。疲れが出てきた時にも姿勢が崩れやすいので長時間走る時ほど姿勢の意識が大切になります。

ドローイン

お腹を膨らませたりへこませたりしてインナーマッスルを刺激

ヒザを立てて仰向けに寝る。ここでは背中の下部（おへその下あたり）が浮いている

大きく吸った息をゆっくり吐きながら、背中で地面を押すようにして下部の空間をつぶしていく

クランチ

お尻ができるだけ上がらないように意識して行う

脚はそのままで手の指先を前に押し出す。腹筋に刺激が入っていることを感じる

仰向けに寝て両脚は股関節とヒザを直角に曲げ、両腕をカカト方向に伸ばす

プランク脚引き上げ

体を一直線にすることで綺麗な姿勢作りにつながる

つま先を地面に着けず、片脚のヒザを折り曲げて胸に近づける。逆脚も同じように行う

四つん這いになり、脚を伸ばしてつま先を立て、頭から足首までがまっすぐになるように

Question

ランニングしているとき何を意識して走ればいいのか悩んでいます

まず意識したいのはフォーム。
それができたら他のことも意識して走ろう

色々考えすぎて走ることに集中できない!!

ペースの意識

ペースが上がらない、上げられないと悩むランナーは多い。そこで無理して上げようとすると、そのペースを維持できず、むしろペースダウンしてしまう。とくにレース本番になると、「がんばろう」という意識が働き、普段以上のペースで入ってスタミナ切れを起こす初心者が多い。

これで解決！

Answer 「がんばらない」で解決できる

今できる範囲でランニングを続けていけば自然と走力やスタミナがつき、ペースを上げても楽に走れるようになります。まずは正しいフォームで走ることを意識し、とくに初心者は笑顔でしゃべりながら走れるペースを守りましょう。気持ちが高揚するレースの時こそ、いつも以上にゆっくり走り出す意識が必要です。

呼吸の意識

Mmm... Let's try it

呼吸が荒れてしまうのは、体力不足かオーバーペースが原因。能力に見合っていない走りをしてしまっていることが多い。本書の目指す「がんばらないランニング」では、一番おすすめできない走り方。呼吸が荒れる＝がんばりすぎている、ということ。

これで解決！
Mmm... Let's try it

Answer

ペースダウンで解決できる

普段どおりの呼吸でOKだね！

走る量を減らしたりペースを落としたりして対応しましょう。そうした中でトレーニングを継続すれば体力がつき、それまでの量やペースでも呼吸が荒れなくなります。ランニングでいろいろな呼吸法が推奨されていますが意識しすぎると余計に疲れてしまうため、走る時も普段のように無意識に呼吸するのが望ましいです。

腕振りの意識

これまでのランニング理論では、腕振りを重視させるものが少なくない。全体の動きを極端に損なっているような腕振りは問題だが、そうでなければ腕振りはそれほど意識する必要はなく、「自然に振られてしまう」程度でOK。

これで解決！

Answer

過度に意識しすぎない

ヒジを軽くたたむぐらいの意識でいいでしょう。一般的に「ヒジを引こう」と言われますが、それを意識しすぎるあまり、力んで肩が上がってしまっている人をよく見かけます。ポイントとしては、脇を締めて、前に大きく振りすぎないこと。親指を立てると、腕や肩に力が入らず、リラックスした状態を維持しやすいです。

Question

どんな練習がおすすめですか？
練習メニューを教えてください

基本の練習メニューはジョギング。
レベルが上がるほど量を増やしていく

初心者のメニュー

日	月	火	水	木	金	土
OFF	OFF	OFF	ジョギング（20分）、動き作り	OFF	OFF	ジョギング（20分）、動き作り

まずは週2回のジョギングを目標に。走る前のウォーミングアップを忘れないこと。ウォーミングアップの後に本書で紹介した動き作りをいくつか行ってから走り出そう。慣れてきたら週3回に増やしたり、時間を30分、40分と増やしたりする。

初級者のメニュー

日	月	火	水	木	金	土
ジョギング（50分）、動き作り	OFF	ジョギング（30分）、動き作り	OFF	ジョギング（40分）、動き作り	OFF	インターバルトレーニング

週2〜3回のジョギングに加え、週1回のインターバルトレーニングを行う。動き作りも行う数を増やしたい。少しずつジョギングの距離や時間を増やしていこう。

中級者のメニュー

日	月	火	水	木	金	土
ジョギング（60分）、動き作り	OFF	ジョギング（40分）、動き作り	OFF	ジョギング（50分）、動き作り	OFF	インターバルトレーニング

週3〜4回のジョギングに加え、週1〜2回のインターバルトレーニングを行う。中級レベルになると、インターバルトレーニングの質も上げていこう。場所や時間にあまり制約されない動き作りは、毎日行ってもいいだろう。

上級者のメニュー

日	月	火	水	木	金	土
ジョギング（60分）、動き作り	OFF	ジョギング（50分）、動き作り	インターバルトレーニング	ジョギング（50分）、動き作り	ジョギング（30分）、動き作り	インターバルトレーニング

上級者になると、ランニングに費やす時間が増える。ただし、それによって日常生活が疎かになってしまうのは本末転倒。走る頻度や時間も大切だが、ランニング以外の生活もしっかり楽しもう。

みつかの普段の練習メニューを紹介！

週2回のインターバルトレーニングを重視していて、そこで目標タイムをいかに楽にこなせるかを意識しながら速いペースでの高強度のトレーニングを積みます。火曜、木曜、金曜は体にそれほど負荷がかからないように70分のジョギングを軸に動き作りも行っています。

日	月	火	水	木	金	土
距離走（20～25㎞）	OFF	ジョギング（70分）、動き作り	インターバルトレーニング（ショート）	ジョギング（70分）、動き作り	ジョギング（70分）、動き作り	インターバルトレーニング（ロング）

ジョギングは「がんばらない」ことを心がけている。低強度でゆっくり楽しく走ることで、70分という時間も全く苦に感じず、疲労も残らない。オフの日は何もせずにゆっくり過ごしている。

インターバル
トレーニング

速いペースで効率よく行える インターバルトレーニング

中・長距離の大会やマラソンに出るランナーにおすすめしたいトレーニング

1本走ったら休息し 再び1本走る

インターバルトレーニングは、1本走ったら休息を挟み、また1本走るというようにして、トレーニングを速いペースで効率よく行うことが目的です。たとえば5000mを走るより、1000mずつ5回に分けて走ることで同じペースでも余裕を持ってこなせるため、7本を走れたり、翌日から通常のジョギングを継続できたりします。

間に挟む休息は、その本数を最後までこなせるぐらい取ります。最初は1本を走る時間と同じくらいで、1000mを3分で走るなら休息も3分取りましょう。余裕が出てきたら、本数を増やしたり、休息時間を短くしたり、より高強度のトレーニングになるようにしていきます。

あくまでもトレーニングという意識で、休息を極端に短くしすぎて、レースの分割走にならないように注意してください。

インターバルトレーニングの具体例

ショート

200m×10本や400m×10本など

☑ **短い距離なのでペースを追いやすい**

☑ **目標ペースに慣れるためには ショートから始めるとよい**

ミドル

1000m×5本や1600m×3本など

ロング

2000m×4本や3000m×3本など

☑ **心肺機能が磨かれる**

基本ペースは10㎞を走り切れるぐらいが目安。インターバルトレーニングを週2回行うなら、ショートとミドル、ショートとロングなどを組み合わせるとさらに効果的。

GPSウォッチなどで心拍数を取れる人は、最大心拍数の90%を目安にする。心拍数＞最大心拍数（220－年齢）×0.9　だと心肺機能が向上すると言われる。心拍数が測れれば、競技場のトラックを利用しなくてもインターバルトレーニングができる。

Special Interview

Takaya Mitsuka

三津家貴也

ランニングの楽しさを多くの人に広めたい！

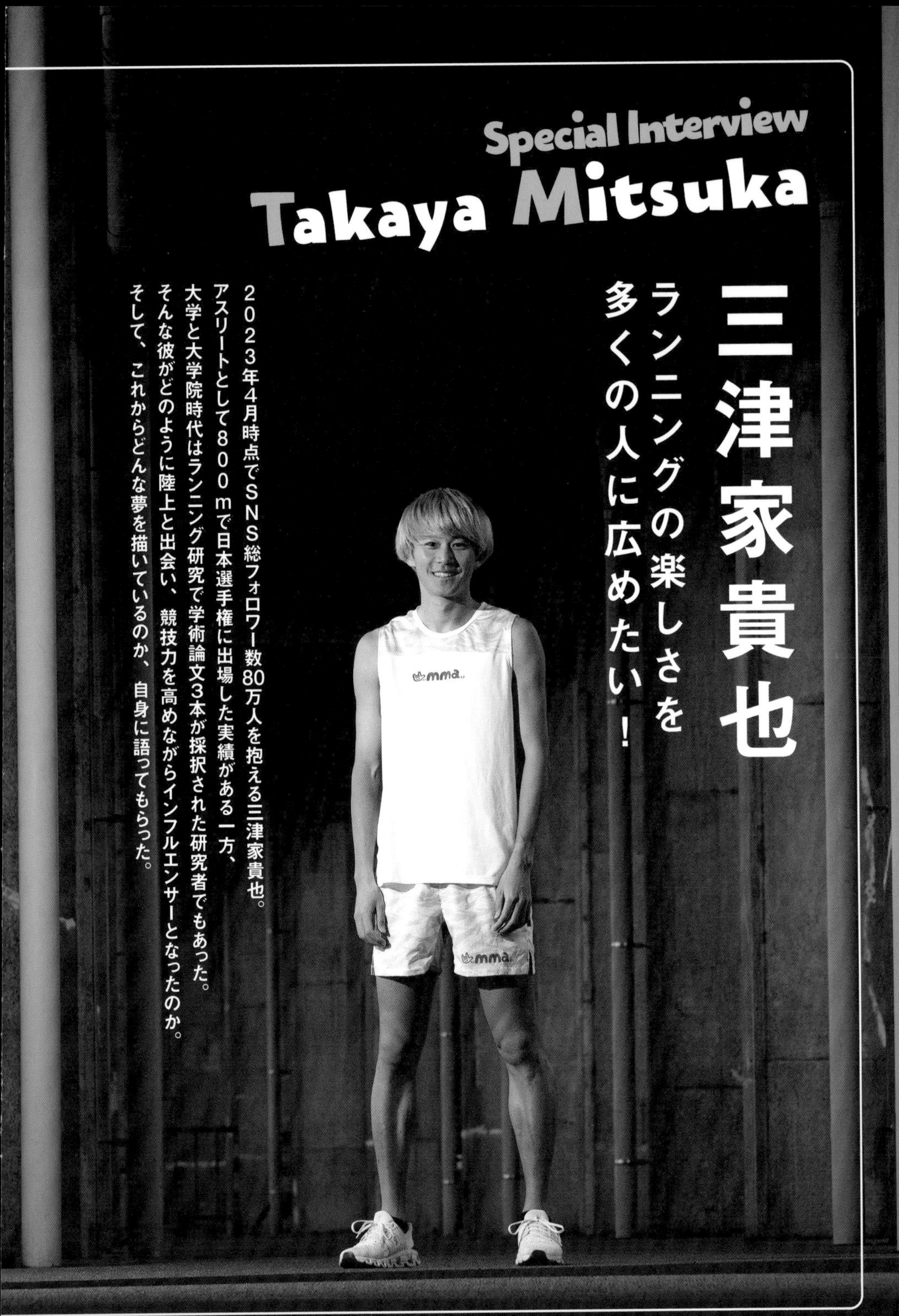

２０２３年４月時点でＳＮＳ総フォロワー数80万人を抱える三津家貴也。アスリートとして８００ｍで日本選手権に出場した実績がある一方、大学と大学院時代はランニング研究で学術論文3本が採択された研究者でもあった。そんな彼がどのように陸上と出会い、競技力を高めながらインフルエンサーとなったのか。そして、これからどんな夢を描いているのか、自身に語ってもらった。

フォームの研究に没頭した大学院時代

——陸上を始めたきっかけは？

三津家　父がソフトボールの選手だったのと、ゲームの『実況パワフルプロ野球』が好きだったので、中学では野球部に入りましたが、野球はそれほど上手ではなかったです。家が好きで、できるだけ家にいたいから、片道2㎞ぐらいの距離をほぼ毎日走って登下校していたら足が速くなりました。2年生から陸上部の大会に助っ人として出場し始め、「あれ？　走るの、向いているのかも」と思って、玉名高校に入学してから本格的に陸上を始めました。

——専門種目は？

三津家　中距離が専門でした。800mは入学当初は2分07秒ぐらいで、それが悔しくてもっと頑張ろうと思って真面目に練習に取り組みました。すると、2年生で1分55秒台、3年生で1分52秒台まで記録が伸び、インターハイで6位に入ることができました。

——当時はどんな練習をしていたのですか？

三津家　基本はジョギングで、週何回かのポイント練習で300mのテンポ走などをやっていました。当時は努力したら伸びると考えていて、学校が休みの土日も友達と走っていました。

——2014年に筑波大学に進学した理由は？

三津家　「日本マラソンの父」と言われ、箱根駅伝の創設に尽力した金栗四三さんが玉名高校から東京高等師範学校（現・筑波大）に進んでいたことは知っていました。また、当時は自分でインターネットなどを見ながら練習メニューを立てていましたが、きちんと勉強したいと思って、スポーツ科学が学べる大学に進もうと。玉名高校は進学校ということもあって、国立大学の中で競技に取り組める環境も充実している筑波大に決めました。

——自分で考えて練習することが好きだった？

三津家　高校生の頃から自分で知識を得たり、メニューを考えたりすることは好きでした。でも、まだ今のように動画が広まっていなかったので、インターネットで得られる情報や本を読んで参考にしていた感じです。与えられたメニューを頑張るというのは苦手でしたね。

——大学での陸上生活はいかがでしたか？

三津家　恵まれた練習環境で、自分より能力が高い人もたくさんいて、「これは強くなれる」と思って練習に励みましたが、大学4年間は800mで一度も自己ベストを出せませんでした。速いことが自分の取り柄で、それがなくなったら自分の良さって何だろうと悩み、とても苦しかったです。

——自己ベストを出せなかった原因は何ですか？

三津家　何度かケガをしたり、指導者の先生と意見が合わなかったりしたこともありましたが、一番の原因は練習の内容でした。トレーニング

与えられたメニューを
がんばるというのは
昔から苦手だった。
エビデンスに基づき
きちんと取り組めば
もっと速く走れる！

は強度を高、中、低で分けたりしますが、それまでの取り組みを分析すると、短い距離で追い込むことが多すぎて高強度でのトレーニング量が少なかったんです。4年生の最後に卒業論文を書く時、いろいろな文献を読んでそのことに気づき、それまでやってきた練習は何だったんだろうと思いました。

——大学4年間を終えた後も筑波大の大学院に行かれましたね。

三津家　4年生の7月ぐらいに部活を引退した後も、学んだエビデンスを生かしながら練習を続けたら、筑波大の記録会で自己ベストに近いタイムを出せたんです。そこで自分の感覚でやっていたそれまでのやり方が間違っていたと感じ、きちんと取り組めばもっと速くなる、もう一度陸上をがんばりたいと思って大学院でも競技を続けることにしました。

——大学時代と今ではランニングフォームも変わったのですか？

三津家　当時は今と比べればかなり汚いフォームでした。つま先接地で足首を使っていたので、シンスプリントになることやヒザを痛めることが多かったです。今見ると、ヒザ下でちょこちょこ走っていて力強さもないですし、進んでいる感もありません。お尻やもも裏の筋肉を使えている感覚もなかったです。

——卒論や修論で文献を読んで、具体的にはどんなことに気づいたのですか？

三津家　ランニングエコノミーという、いかに効率よく走れるかの指標があり、文献にはそれが高い人は、股関節の伸展速度が速い、接地中のヒザ関節の屈曲がない、足関節の背屈や底屈がないと書かれていました。それでヒザ下で走るのが良くないと知り、股関節の伸展を意識して走るように変えました。

——そこから三津家さんの復活が始まったわけですね。

三津家　はい、ケガもなくなり、走りも速くなりました。大学4年間で一度も更新できなかった８００ｍの自己記録を大学院の2年間で3回、１５００ｍでは4回更新でき、2種目で日本インカレにも出場することができました。

——現在の三津家さんのランニングフォームは完成形と言っていい？

三津家　まだ全然、理想には届いていないです。どこができていないかは動画などを見てすぐにわかりますが、なかなか完璧にはいきません。

——近年のトップ選手で三津家さんから見て良いフォームだと感じる選手は？

三津家　僕が見る時は股関節の伸展やヒザ、足首の角度、接地を重視しますが、大迫傑選手（Nike）は綺麗ですし、海外のトップ選手はだいたい同じフォームで走っていると思います。どの選手も足首とヒザがしっかり固定されて、股関節の伸展が

足首とヒザが固定され
股関節が伸展している。
トップ選手に
共通するフォーム！

できています。

——大学院を修了し、20年にRUNNING SCIENCE LABというジムに就職しました。

三津家　大学院で成果が出てきて、このやり方をもっと広めたいと思い、論文を書いたり、学会で発表したりしました。それらは高く評価していただきましたが、論文を読むのは研究者だけで、トップ選手や一般の市民ランナーにはほとんど伝わりません。このままではダメだと感じて、自分が得た知識や実践経験を広めるためにRUNNING SCIENCE LABで、トレーナーとして働くようになりました。

——選手としても活動を続け、社会人1年目には800mで日本選手権出場も果たします。

三津家　夢の舞台に立てて、予選落ちではありましたが、自分の走りができて満足しました。でも、それで得られたものはTwitterの「いいね！」が増えたぐらいで、陸上競技は夢がないなと。仮に優勝できたとしても、有名になれたり、多くの報酬を得られたりするわけではありません。やがてそのような活動を続けることに疑問を持ち、陸上そのものの価値を高めないといけないと、その年の12月からTikTokを始めました。

応援してくれる人たちの存在が支えだった

——その後、インフルエンサーとして活躍していくのですか？

三津家　21年の春頃、仕事中に倒れてしまいました。ジムで会員さんのサポートをして、選手として自分のトレーニングをこなし、SNSの発信活動もしていたら、いつの間にかパンクしてしまったようで、病院で先生から咳喘息と自律神経失調症だと診断されました。それから約1ヶ月半は体調が優れず、外に出るのも怖くて、ほとんど家に引きこもる毎日でした。その間、職場の人たちに支えてもらいましたが、仕事を続けるのは難しく、会社は5月末に退職しました。

——どのように社会復帰できたのですか？

三津家　家でもできるTikTokの配

速く走ることだけが重要じゃない！
人とのコミュニケーションを作り
心の健康につながる。
それがランニングの醍醐味

信だけは続けていて、そこで応援してくれる人たちの存在が支えでした。でも、このままではマズいなと思い、YouTubeを始めて1本目の動画で自分の現状を告白したらすごい反響をいただきました。すると、親交のあったケツメイシの大蔵さんや「健ちゃん練」を主宰している松永健士さんや部長の小松広人さんから食事に誘ってもらい、それがきっかけで外に出て、みなさんとランニングを始めたら、心と体が一気に元気になったんです。

——ランニングを楽しむ生活がリスタートされた印象ですね。そこからはどんな未来を思い描いていましたか？

三津家　自分の苦しい時期を通して、ランニングは速く走ることだけが重要ではなく、人とのコミュニケーションを作るもの、心の健康につながるものだと知ることができました。それまで自分は選手として競技を極めることをずっと目指してきましたが、一般の人にはむしろ楽しむランニングの方が必要なんじゃないか。そう思ってSNSで発信し始めたら見てくれる人が徐々に増えてきて、自分の人生がどんどん変わっていきました。

——現在はインフルエンサーとして活躍の場が増えています。今後の目標は？

三津家　今はランニングを広めるチャンスです。とくにまだランニングをしていない人や興味がない人に走る楽しさを知ってもらいたいことと、あとは陸上競技を見る人を増やしたいですね。日本選手権なども野球やサッカーに比べて観客動員数が少ないですから、かなりもったいない。トップ選手は本当にすごいことをやっているので、それが少しでも伝わるようにどうにか変えていきたいと思っています！

走る楽しさを知ってもらいたい、
陸上競技を見る人を増やしたい

Mmm...Let's try it

もっと楽《らく》にもっと速《はや》く
がんばらないランニング

2023年５月25日　初版発行
2024年12月５日　７版発行

著者／三津家《みつか》 貴也《たかや》

発行者／山下 直久

発行／株式会社KADOKAWA
〒102-8177　東京都千代田区富士見2-13-3
電話 0570-002-301（ナビダイヤル）

印刷所／大日本印刷株式会社

製本所／大日本印刷株式会社

●お問い合わせ
https://www.kadokawa.co.jp/（「お問い合わせ」へお進みください）
※内容によっては、お答えできない場合があります。
※サポートは日本国内のみとさせていただきます。
※Japanese text only

定価はカバーに表示してあります。

ISBN 978-4-04-606332-8　C0075